BEI GRIN MACHT SICH IHR WISSEN BEZAHLT

AF141494

- Wir veröffentlichen Ihre Hausarbeit, Bachelor- und Masterarbeit

- Ihr eigenes eBook und Buch - weltweit in allen wichtigen Shops

- Verdienen Sie an jedem Verkauf

Jetzt bei www.GRIN.com hochladen und kostenlos publizieren

Benjamin Weiß

Arten der Dialer-Software und Möglichkeiten des Schutzes vor unerwünschten Dialern

GRIN Verlag

Bibliografische Information der Deutschen Nationalbibliothek:

Die Deutsche Bibliothek verzeichnet diese Publikation in der Deutschen National-
bibliografie; detaillierte bibliografische Daten sind im Internet über http://dnb.d-
nb.de/ abrufbar.

Impressum:

Copyright © 2006 GRIN Verlag GmbH
Druck und Bindung: Books on Demand GmbH, Norderstedt Germany
ISBN: 978-3-638-67254-2

Dieses Buch bei GRIN:

http://www.grin.com/de/e-book/68023/arten-der-dialer-software-und-moeglichkei-
ten-des-schutzes-vor-unerwuenschten

GRIN - Your knowledge has value

Der GRIN Verlag publiziert seit 1998 wissenschaftliche Arbeiten von Studenten, Hochschullehrern und anderen Akademikern als eBook und gedrucktes Buch. Die Verlagswebsite www.grin.com ist die ideale Plattform zur Veröffentlichung von Hausarbeiten, Abschlussarbeiten, wissenschaftlichen Aufsätzen, Dissertationen und Fachbüchern.

Besuchen Sie uns im Internet:

http://www.grin.com/

http://www.facebook.com/grincom

http://www.twitter.com/grin_com

Hochschule Karlsruhe – Technik und Wirtschaft

SS 2006

Seminararbeit zum Thema:

Dialer

Benjamin Weiß

2 Begriffserklärung und Aufgabe eines Dialers

Der Begriff Dialer wurde aus dem englischen Wortstamm "to dial = wählen" in den deutschen Sprachschatz eingeführt und bedeutet wörtlich übersetzt „Wähler" bzw. in der Sprache der Informatik „Einwahlprogramm".

Bei der Dialer-Software handelt es sich um ein praktisches Hilfsmittel, mit deren Hilfe man sich einfach und bequem über das analoge Telefon- bzw. ISDN-Netz mit anderen Netzwerken oder dem Internet verbinden kann. Der Dialer ist ein Nummernspeicher, wie man ihn aus der Welt, der Festnetzapparate bzw. Mobilfunktelefone kennt. Dabei wählt man im Menü des Gerätes einen zuvor gespeicherten Namenseintrag aus, klickt ihn an und sofort findet der Verbindungsaufbau statt. Der Anrufer hat dadurch den Vorteil, dass er sich keine langen und komplizierten Rufnummern merken muss.

Die Grundlage der Dialer-Programme funktioniert analog dazu. Jedoch gibt es hierbei zwei Unterschiede.

Der Benutzer kann im einen Fall seine Rufnummer, Username und Passwort (falls für die Identifikation benötigt) selbst in der Dialer-Software hinterlegen. Dieses Prinzip wird bei vielen Betriebssystemen als Standard-Einwahlprogramm für Verbindungen nach dem Point-to-Point Protokoll (PPP-Protokoll) mitgeliefert. Bei Windows nennt sich das Einwahlprogramm „DFÜ-Netzwerk". Die Software muss zum Verbindungsaufbau gestartet werden. Danach ist sie so lange aktiv, wie die Verbindung aufrecht erhalten wird und erst nach dem erfolgreichen Verbindungsabbau, kann auch das Einwahlprogramm beendet werden.

Die zweite Möglichkeit von Dialer-Software basiert auf firmenspezifizierten Dialern. Dabei handelt es sich um Einwahlprogramme die vom Provider im Vorfeld modifiziert wurden. D.h. der Dialer-Anbieter hat dem Kunden die Arbeit abgenommen und die Rufnummer fest in der Dialer-Software verankert. Evtl. könnte der Anbieter auch ein fest definierten Username und Passwort für die Identifikation an seiner Anwendung für seinen Kunden einrichten, falls es sich bei dem Einwahlprogramm um Individualsoftware handelt.
Viele Provider bieten ihren Kunden Installations-CDs mit Einwahlprogramme an, die es unerfahrenen Benutzern vereinfachen sollen, ihren Internetzugang zu konfigurieren. Dies geschieht entweder dadurch, dass ein Verbindungseintrag im Menü des DFÜ-Netzwerkes beim Windows-Betriebssystem angelegt wird, oder aber dadurch, dass das vom Provider erstellte Einwahlprogramm auf den Rechner installiert wird. Als Beispiele für firmenspezifizierte Einwahlprogramme dient z.B. die Dialer-Software von T-Online (T-Online StartCenter 6.0).

Abb.1: Einwahlprogramm von T-Online (StartCenter 6.0)

Für die Einwahl per ISDN- bzw. Analogverbindung wurde für den Kunden bereits in der Einwahlmaske, die Anwahlnummer fest hinterlegt. Der Kunde muss einmalig seinen Username und das Passwort eintragen, das er von T-Online erhalten hat. Er hat dabei die Wahlmöglichkeit, ob seine persönlichen Kundendaten für weitere Einwahlversuche gespeichert werden sollen. Dadurch bekommt der Kunde die Einwahl wesentlich erleichtert, da sich weder Einwahlnummer, Username und Passwort merken muss. Nach einem Klick auf den Button „Verbindung ins Internet" findet der Verbindungsaufbau statt und der Kunde gelangt in das Kundenportal von T-Online. Von dort aus kann der Benutzer direkt ins Internet gelangen oder er kann seine E-Mails abrufen und sonstige Aktionen auswählen.

Bei der Software handelt es sich um eine Freeware Software, die kostenlos unter dem Link: http://www.t-online.de/ verfügbar ist.

3 Arten von Dialern

Die Dialer-Programme gibt es in zwei verschiedenen Dialerarten. Dabei muss differenziert werden zwischen seriösen Dialern und dubiosen Dialern. Um eine klare Spezifikation zu ermöglichen, wird auf die wesentlichen Merkmale eingegangen und diese herausgearbeitet, wobei die Handy-Dialer im späteren Verlauf unter der Rubrik unseriöse Dialer der Seminararbeit nur eingeschränkt beleuchtet und im Weiteren dann keine Berücksichtigung mehr finden werden. Der Grund hierfür liegt daran, dass im Moment noch die PC-Dialer eine größere Verbreitung finden als die Einwahlprogramme für die Mobilfunkgeräte. Jedoch kann sich diese Situation in naher Zukunft rasch ändern.

3.1 Seriöse Dialer

Einwahlprogramme die sowohl seriösen, als auch legalen Zwecken dienen beruhen grundsätzlich auf den gesetzlichen Grundlagen des entsprechenden Staates.

3.1.1 Was macht einen seriösen Dialer aus?

Softwareunternehmen oder auch andere Dienstleistungsunternehmen können ihren Kunden durch Einwahl-Dialer ausgezeichnete und exklusive Serviceleistungen anbieten. Diese sind durch den Mehrwertdienst qualitativ hochwertiger, als die gewöhnlichen Serviceleistungen. Unter den Leistungsmerkmalen finden sich dann Kunden-Support oder andere Dienstleistungen wieder. Der Mehrwertdienst macht sich insofern bemerkbar, indem der Kunde für die Nutzung der Serviceleistung eine spezielle Einwahlnummer anwählt. Für diese Verbindung wird ein gesondertes Abrechnungsentgelt vom Telefonanbieter berechnet. Der Telefonanbieter erhält von diesem Betrag einen Anteil für die ihm entstandenen Vermittlungskosten und den restlichen Betrag muss er an das Unternehmen abführen, das für den Endnutzer die gewünschte Serviceleistung erbracht hat (s auch dazu Seite 15). Ein seriöses Unternehmen, das für seine Kunden eine Dialer-Software zur Verfügung stellt, zeichnet sich dadurch aus, indem es seinen Kunden im Vorfeld über die besondere Preisstruktur unterrichtet. Legale Anbieter dieser Einwahldienste legen daher großen Wert auf Preistransparenz und Informationsgehalt.

Des Weiteren hält sich ein seriöser Dialer Anbieter an das Regelwerk, das vom „Freiwilligen-Selbstkontrolle-Telefonmehrwertdienste" e. V. beschlossen wurden. Dieser Verein ist ein Zusammenschluss von Netzbetreibern, Dienst-Anbietern, Verbänden und sonstigen Organisationen. Der Verein wurde im Jahr 1997 gegründet. Er arbeitet eng mit den Vereinsmitgliedern, Bundesnetzagentur und den Verbraucherzentralen zusammen.

Weiterhin werden auch über 20.000 Verbraucher jährlich zum Thema Mehrwertdienst befragt, um Stärken und Schwächen für das Regelwerk heraus zuarbeiten. bzw. um alte Regeln neu zu definieren. Die Homepage vom „Freiwilligen-Selbstkontrolle-Telefonmehrwertdienste" e. V. befindet sich unter dem Link: (http://www.fst-ev.org/)

3.1.2 Seriöse Dialer-Anbieter

Von Dialer-Seiten werden immer wieder völlig überteuerte Angebote beworben. Oftmals wird dem Besucher der Seite mit vollmundigen Versprechungen die sprichwörtliche „Katze im Sack" verkauft. Ein seriöser Mehrwertdienst, der seinen Kunden eine Dialer-Software zur Verfügung stellt, sollte sich mit seinen angebotenen Serviceleistungen und den darin enthaltenen Inhalten stets an das Regelwerk des „Freiwilligen-Selbstkontrolle-Telefonmehrwertdienste" e. V. halten.

Es folgt ein kurzer Auszug aus dem Regelwerk, der unter dem Artikel „Was sind Dialer" bei Network Secure, am 30. Dez. 2003 unter dem Link: www.network-secure.de/index.php erschienen ist.

„...

Unter dem Regelwerk wurde folgendes definiert:

Inhalte werden nicht angeboten, wenn sie gegen folgende Gesetze und Regeln verstoßen:

- § 130 StGB (Volksverhetzung)
- § 130 a StGB (Anleitung zu Straftaten)
- § 131 Abs.1 StGB (Gewaltdarstellung)
- § 86 StGB (Verbreitung von Propagandamitteln verfassungswidriger Organisationen)
- § 87 StGB (Agententätigkeit zu Sabotagezwecken)
- § 184 StGB (Verbreitung pornographischen Schriften)
- §§ 29 ff. Betäubungsmittelgesetz
- §§ 284, 286 StGB (unerlaubte Veranstaltung eines Glücksspiels/ -einer Lotterie und einer Ausspielung)

Telefonmehrwertdienste dürfen nicht für Abwehrmaßnahmen benutzt werden. Die Nutzung eines Premium-Dienstes ist nicht zulässig, wenn Angebote nicht existieren oder ein Angebot vorgetäuscht wird.

Im Bereich „Kinder- und Jugendschutz" dürfen folgende Gesetze nicht umgangen werden:

a. gemäß § 184 Abs.1 StGB (Verbreitung pornographischer Schriften)
b. gemäß §§ 3-6 i.V.m. § 21 GjS
c. gemäß § 8 Abs. 1 Ziffer 2-4 MDStV

Die Benutzung eines Einwahl-Dialers muss durch geeignete Maßnahmen vor unberechtigter Benutzung von Kindern und Jugendlichen geschützt sein. Die Anbieter weisen Benutzer unmissverständlich auf diese Möglichkeiten hin.

..."

Wenn sich der Dialer-Anbieter konform an das oben genannte Regelwerk des Freiwilligen-Selbstkontrolle-Telefonmehrwertdienste" e. V. hält muss sich der Endbenutzer als nächsten Schritt, die vom Unternehmen angebotene Dialer Software unter die Lupe nehmen. Hierfür gelten gesetzliche Voraussetzungen und Merkmale, die im nächsten Abschnitt näher erläutert werden.

3.1.3 Erkennung von legaler Dialer-Software

Bei einem Unternehmen das sich an das oben genannte Regelwerk hält, kann sich der Endbenutzer fast schon in Sicherheit wiegen, dass die Einwahl per Dialer mit „Rechten Dingen" zugeht. Es bleibt nur noch die Frage zu klären, wie es mit der einzusetzenden Dialer-Software aussieht. Bei den Einwahlprogrammen gab es noch vor einiger Zeit große Lücken in den Gesetzestexten, was sich aber verändert hat. Denn der Gesetzgeber stellte diesen Mangel fest und verankerte daraufhin gesetzliche Bestimmungen für das Layout der Dialer-Software.

Diese Voraussetzungen und Merkmale muss eine legale Dialer-Software von Gesetzeswegen in Deutschland seit dem 15. August 2003 erfüllen:

* Das Einwahlprogramm <u>muss</u> bei der Regulierungsbehörde für Telekommunikation und Post registriert sein (siehe auch Internetverweise am Ende dieser Seite). Aber: Die Registrierung beruht auf (schriftlichen) Zusagen der Anbieter. Die Behörde prüft die Dialer nur stichprobenartig und bei einem Verdacht.
* Der Aufruf des Mehrwertdienstes darf nur über die Nummer 09009 erfolgen
* **Download, Installation und Verbindung dürfen erst nach eindeutiger Zustimmung des Anwenders erfolgen. Genauer gesagt: Jeder dieser Schritte muss durch die Eingabe von "OK" bestätigt werden**, einfach ("Ja, weiter") klicken reicht nicht aus.
* Die Nutzungsbedingungen des Einwahlprogramms müssen vollständig einsehbar, deutschsprachig und zum abspeichern sein.

- Schon beim Download des Zugangsprogramms muss in Textform deutlich erklärt werden, dass es hier um den Download, die Installation und Nutzung eines Einwahlprogramms geht.
- **Alle Fenster müssen eine "Abbrechen"-Schaltfläche enthalten.** Wird darauf gedrückt, muss das aktive Fenster geschlossen, die Verbindung getrennt und alle weiteren Aktionen beendet werden. Danach dürfen keine weiteren Fenster aktiv werden.
- Informationen und Zustimmungserklärung müssen mindestens in einer 10-Punkt-Schriftgröße dargestellt werden. Der Text muss durch Farbe und Kontrast deutlich erkennbar sein.
- **Das Einwahlprogramm muss sich dem Benutzer klar zu erkennen geben.** Eine Umschreibung, etwa als "Kostenloses Zugangstool", ist also nicht zulässig.
- **Die Version des Programms muss klar zu erkennen sein.**
- **Die Rufnummer des Mehrwertdienstes muss klar und deutlich zu sehen sein.**
- Die Vorgehensweise und Wirkung des Programms muss dem Benutzer kostenlos zur Verfügung gestellt werden.
- Der Dialer darf weder Sicherheitseinstellungen noch die Funktionsweise anderer Programme beeinträchtigen noch dauerhaft verändern, also auch nicht die des Browsers.
- Der Dialer darf keinerlei Schnüffel-Programme (Spyware) oder schädigende Funktionen (Trojaner, Wurm o.ä.) enthalten.
- Auf Wunsch des Nutzers muss ein installierter Dialer ohne besondere Fachkenntnisse, dauerhaft, automatisch, kostenlos und vollständig löschbar sein.
- Der so genannte "Hashwert", ein digitaler Fingerabdruck, muss dem Nutzer bekannt gegeben werden. Der Hashwert wird anhand des Programm-Codes des Einwahlprogramms berechnet und in der Dialer-Datenbank der Regulierungsbehörde für Telekommunikation und Post gespeichert. In der Datenbank der Behörde lässt sich mit Hilfe des Hashwerts (oder der Rufnummer) prüfen, ob der Dialer registriert ist und welcher Provider sich dahinter verbirgt.

Bei dem Dienstleistungsunternehmen P2P.AG handelt es sich um ein seriöses Filesharing-Unternehmen, das als legaler Dialer-Anbieter auftritt und das Regelwerk des „Freiwilligen-Selbstkontrolle-Telefonmehrwertdienste" e. V. akzeptiert. Des Weiteren stellt P2P.AG seinen Kunden die unten abgebildete Dialer-Software zur Verfügung, die **alle gesetzlichen Voraussetzungen des deutschen Staates erfüllt**.

Abb.2: Dialer-Software von P2P

Wenn sich alle Software- und Dienstleistungsunternehmen, die „ihren Kunden" Dialer-Software anbieten an die erlassenen Gesetze und das Regelwerk halten würden, wäre schon ein großer Beitrag zur Internetsicherheit und zur Vermeidung von Kostenfallen beigetragen, jedoch ist das heutzutage immer noch nicht die Regel. Darum gilt weiterhin das Motto:

Im folgenden Kapitel wird näher erläutert, welche Tricks die dubiosen Dialer einsetzen um auf den Rechner zu gelangen und welche illegalen Formen es gibt. Weiterhin wird beschrieben, mit welchen Kosten der Geschädigte im Schadensfall rechnen muss und wie er den dubiosen Dialer erkennen kann.

3.2 Dubiose Dialer

Dialer sind eine der zahlreichen Zahlungsmethoden im Internet. Über sie können kostenpflichtige Inhalte abgerufen werden, die dann bequem über die Telefonrechnung abgerechnet werden.

Die dubiosen Dialer stellen eine erhebliche Gefahr dar. Dann nämlich, wenn sie als automatisiertes Wahlprogramm heimlich bzw. ohne ausdrücklichen Wunsch des Internetsurfers den Rechner über teure 0190 oder 0900 Nummern mit dem Internet verbinden oder wenn der Nutzer nicht bzw. nicht ausreichend auf die entstehenden Kosten hingewiesen wird.

Zwar wurde die gesetzliche Grundlage für Einwahlprogramme durch das neue Mehrwertdienste-Gesetz für Verbraucher verbessert, jedoch sind die Gefahren und Probleme durch Dialer bei weitem noch nicht ausgeräumt.

3.2.1 Formen der illegalen Dialer Software

Es gibt zurzeit zwei unterschiedliche Formen von illegaler Dialer-Software. Die eine Form von Dialern wurde für das PC-System entwickelt, sofort nach dem die dubiosen Anbieter auf die vielen Vorzüge der seriösen Dialer für den Endbenutzer aufmerksam geworden sind.

Die zweite Form der Dialer-Software ist ganz neu und beruht auf der Mobilfunktechnologie. Die Handy-Dialer wurden entwickelt, weil der PC-Dialer von der DSL-Technologie verdrängt wurde und damit nicht mehr die Wirkungskapazität aufweisen kann, wie noch vor einigen Jahren.

3.2.1.1 PC-Dialer

Das Auftauchen der ersten dubiosen PC-Dialer fand ca. im Jahre 1998-99 statt, in der Zeit, als die breite Bevölkerungsschicht das Internet für den Heimgebrauch entdeckte und das Modem oder der ISDN-Anschluss zum Standard eines jeden PC-Benutzers gehörte.

Die unseriöse Dialer-Software basiert auf der gleichen Technologie, wie der seriöse Dialer. Bei illegalen Einwahlprogrammen ist meistens der Unterschied darin zu finden, dass sie sich zu extrem teuren 0190/0900 Nummern einwählen und diese dem ahnungslosen Benutzer verborgen bleiben. Die Einwahlnummern wurden von den unseriösen Dialer-Anbietern fest in die Dialer-Software implementiert, was zu ungewöhnlich hohen Telefonrechnungen führen kann. Des Weiteren arbeiten die unseriösen Dialer ziemlich automatisiert.

Das analoge bzw. ISDN Modem stellt über eine Nummer per DFÜ (Daten-Fern-Übertragung) eine Verbindung zum Provider her, der dem Benutzer den Internetzugang ermöglicht.
Die unseriöse Dialer-Software verändert diese Nummer oder richtet eine neue DFÜ-Verbindung als Standardverbindung ein. Nun wird eine teure 0900-Nummer oder 0190-Nummer (Deutschland) anstelle der Nummer des Providers gespeichert. Sobald sich der Computer nun mit dem Internet verbindet, bezahlt der Anwender für jede Minute, die er surft, einen wesentlich höheren Betrag, entsprechen der Einwahlnummer.

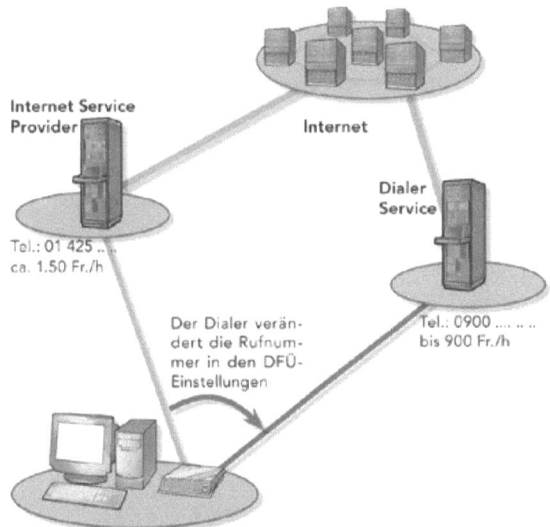

Abb.3: Interneteinwahl über eine Dialer Service

Eine unseriöse Dialer-Software kann sich der Benutzer durch das Herunterladen von Raubkopien oder Dateien mit sehr verheißungsvollen Beschreibungen auf gesetzeswidrigen Internetseiten einfangen. Quellen für solche Einwahlprogramme finden sich häufig in illegalen Filesharingbörsen, wie E-Donkey oder E-Mule wieder. Meist werden Dialer von dort als „exe-Dateien" heruntergeladen. Es gibt aber auch Dialer-Dateien, die nicht auf „.exe", sondern auf „.ocx" oder „.dll" enden. Die Dialer-Anbieter von dubiosen Einwahlprogrammen können über diese Filesharingbörsen leicht ihre Software an Benutzer verteilen und bleiben dabei anonym. Durch die vielen Presseberichte und Artikel in Fachzeitschriften über illegale Einwahlprogramme sind die Benutzer sensibilisiert worden. Daraufhin mussten sich die Dialer-Anbieter neue Tricks überlegen.

3.2.1.1.1 Wie gelangt der unseriöse Dialer auf den PC?

Das seit dem 15. August 2003 geltende Mehrwertdienste-Gesetz sollte der Dialer-Abzocke zwar ein jähes Ende bereiten, jedoch sind unseriöse Tricks noch nach wie vor sehr verbreitet.

Auf den nachfolgenden Seiten werden die meist verwendeten Tricks der Szene aufgezeigt. vgl. Quelle („Dialer - Die Tricks unseriöser Anbieter" www.dialerschutz.de/dialer-tricks.php)

„...

- **Die Irreführung beim Download**

Abb.4: Als Download-Fenster getarnte Dialer-Software

Dass es sich hier um einen Dialer-Download mit entsprechend anfallenden Zusatzkosten bei der Einwahl handelt, wird also zunächst einmal verschwiegen. "Multimedia-Update" ist nur eine von vielen Bezeichnungen, mit denen Anbieter ihre Dialer tarnen. Auch von "kostenlosem Zugangstool", "Chat-Software" oder "Windows Update" wird oft gesprochen.

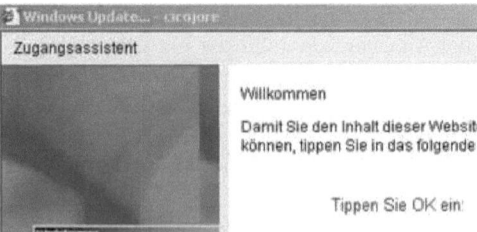

Abb.5: Nach dem Download öffnet sich dieses Dialer-Fenster

- **Aktive Inhalte und automatische Installation**

In vielen Fällen werden Dialer durch so genannte Aktive Inhalte verbreitet. Diese bewirken, dass der Dialer beim Betreten einer Internetseite oder beim Klick auf einen Link selbstständig auf den PC des Besuchers heruntergeladen und installiert wird. Auch eine vom User ungewollte und unbemerkte Einwahl über teure Nummern ist in diesen Fällen möglich. Verwendet werden dabei ActiveX-Controls, also kleine Windows-Programme, die sich nur mit Hilfe eines Web-Browsers ausführen lassen. Denn alles, was man mit Maus und Tastatur machen kann, kann man auch per ActiveX-Control steuern - beispielsweise eben Download, Installation und Einwahl eines Dialers.

So funktioniert der ActiveX gesteuerte Download eines Dialers:
Der Surfer landet auf einer Seite, die der Dialer per ActiveX-Installation verteilt. Die Installation wird oft über ein kleines Pop-under-Fenster gestartet. Über dieses Fenster wird geprüft, ob der PC schon die ActiveX-Komponente besitzt, mit der der Dialer heruntergeladen wird. Fällt diese Prüfung negativ aus, wird die ActiveX-Komponente zum Download angeboten. Das hierbei angezeigte Zertifikat ("Sicherheitszertifikat") zeigt nur, von wem die Komponente stammt, aber nicht, welche Funktion sie hat. Die Namen sagen nicht viel aus; gelegentlich wurden die Komponenten sogar als Webcamupdate oder Download Class bezeichnet. Wenn dieses Zertifikat angenommen wird oder die Komponente bereits auf dem Rechner ist, sind verschiedene Szenarien möglich. In dieser Arbeit soll ein mögliches Szenario vorgestellt werden.

Die Komponente lädt beim Aufruf den Dialer auf den PC und führt ihn danach aus. Dadurch dass die Datei nicht als normaler Link heruntergeladen wird, sondern programmgesteuert ist, bekommt der Nutzer keine Meldung darüber, dass eine Datei heruntergeladen wird. Es wird kein Zertifikat ausgegeben. Da die Datei heruntergeladen und nicht direkt ausgeführt wird, kommt auch keine Sicherheitsabfrage, ob die Datei wirklich ausgeführt werden soll. Damit werden alle Sicherheitsoptionen des IE umgangen.

Die Folgen:
- der Dialer kann automatisch gestartet werden (Einwahl)
- jede Seite die Dialer des gleichen Herstellers einsetzt kann ihren Dialer auf
  dem Rechner installieren und starten
- ein Löschen des Dialers ist zwecklos, da er durch die Komponente jedes Mal
  wieder neu heruntergeladen wird
- die Deinstallation des Dialers entfernt den Dialer, aber nicht aber die
  Komponente und ist im Grunde zwecklos.

Sobald ActiveX im Internet Explorer (der Netscape-Browser kann mit ActiveX nichts anfangen) aktiviert ist, öffnet das unseriösen Dialer-Anbietern, aber auch anderen Gefahren aus dem Netz Tür und Tor. Es empfiehlt sich daher dringend,

Aktive Inhalte auszuschalten - auch, wenn dann manche Webseiten nicht mehr richtig angezeigt werden. (Mehr dazu im Kapitel 4 „Schutz vor unerwünschtem Dialer")

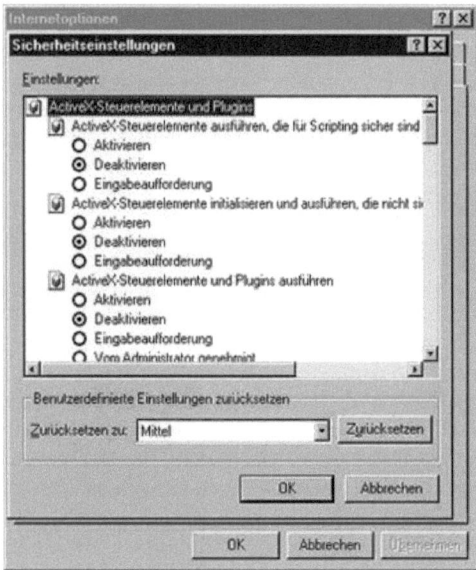

Abb.6: ActiveX Kontrollfenster im MS Internet Explorer

• **Dialer mit Auslandseinwahlen**

Seit in Deutschland für Dialer zwingend die Vorwahl 09009 vorgeschrieben ist, greifen bestimmte Anbieter zunehmend auf Wählprogramme mit Auslandsnummern zurück. In derartigen Fällen wählt der Dialer keine deutsche Mehrwertnummer, sondern eine "ganz normale" Auslandsvorwahl an:

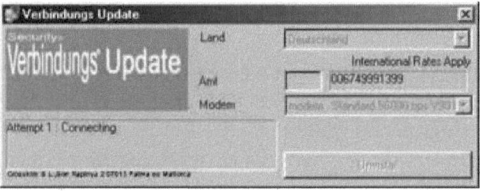

Abb.7: Beispiel Dialer der auf der nicht vergebenen Vorwahl (0067) basiert

Durch Auslandseinwahlen wird der Schutz herkömmlicher Rufnummernsperren (0190/0900) vollständig ausgehebelt. Hinzu kommt, dass diverse Anbieter sogar noch einen Schritt weiter gehen und der Auslandsnummer eine Netzbetreibervorwahl (010xx) voranstellen. Damit wird auch eine mögliche Sperrung von Auslandseinwahlen unterlaufen.

Ganze dreiste Dialer wählen sich über Satelliten-Nummern (Emsat) ein. Dabei handelt es sich um extrem hoch tarifierte Einwahlnummern, die dem Opfer einen extremen Kostenschaden zuführen. Die Einwahlnummern beginnen mit 0088 bzw. 0087.

Weiter Tricks der destruktiven Dialer sind:

- **Lügen und falsche Versprechungen**
- **Die Tarif-Falle**
  Hierbei handelt es sich um ein Dialerprogramm, das nicht pro Minute abgerechnet wird, sondern beim ersten Klick mit einem Pauschalbetrag tarifiert ist. Dabei sei an den „900-Euro-Dialer" erinnert, der Mitte 2002 für kurze Zeit im Internet aufgetaucht ist. Jedoch ist bis heute ungeklärt, ob dieser überhaupt funktionsfähig war und zum Einsatz kam.
- **Technische Manipulationen**
  Registry Einträge manipulieren
  Ausschalten von Schutzprogrammen
  Dialer als Standardverbindung
  Selbstlöschender Dialer

..."

3.2.1.1.2 Kostenfalle

Immer wieder trifft der Internetbenutzer beim Surfen auf Angebote, für die man zunächst eine „kostenlose Zugangssoftware" herunterladen muss.

Hinter dieser „kostenlosen Zugangssoftware" verstecken sich Einwahlprogramme, die die Internetverbindung beenden und sich bei einer kostenpflichtigen Nummer einwählen (s. dazu Abb.3). Über diese Einwahl-Software kann der Benutzer das entsprechende Informationsangebot des Servicedienstleistungsunternehmens in Anspruch nehmen.

Während früher ausschließlich Erotikanbieter diese einfache Art der Abzocke zum Minutenpreis betrieben, trifft man heutzutage fast überall auf Dialer.

Auch gab es früher lediglich vier verschiedene Minutentarife, heutzutage sind die Einwahlnummern fast frei tarifierbar. Bis zu 1,86 EUR pro Minute oder ein fester Betrag pro Einwahl kann vom Anbieter verlangt werden.

Die nachfolgende Kostenstruktur entstammt von der Website „dialerhilfe.de". Vgl.
hierzu Quelle (http://www.dialerhilfe.de/dialer/kosten.php)

„…

Was kosten die 0190-Nummern?

Die 0190-Nummern heißen fachlich korrekt eigentlich "Vorwahlen für Premium-
Rate Dienste" und werden wie folgt tarifiert:

Vorwahlbereich	Tarifierung	Was bleibt dem Anbieter?
0190-0	Flexible Tarifierung innerhalb von sechs Tarifgruppen (Kostenlose Ansage vor Verbindungsaufbau) Tarifgruppe 1: 0,15 €/Min. Tarifgruppe 2: 0,25 €/Min. Tarifgruppe 3: 0,12 €/Min. + 0,51 € pro Verbindung Tarifgruppe 4: 0,12 €/Min. + 0,77 € pro Verbindung Tarifgruppe 5: 0,12 €/Min. + 1,28 € pro Verbindung Tarifgruppe 6: 0,12 €/Min. + 2,05 € pro Verbindung	0,03 €/Min. 0,13 €/Min. 0,41 € Verb. 0,61 € pro Verb. 1,02 € pro Verb. 1,63 € pro Verb.
0190-1	DM 0,1043 (netto) pro angefangener Zeiteinheit von 6 Sekunden oder äquivalente sekundengenaue Abrechnung (entspricht EUR 0,618 (1,21 DM) pro Minute)	0,338 EUR (0,66 DM)/Min.
0190-2	DM 0,1043 (netto) pro angefangener Zeiteinheit von 6 Sekunden oder äquivalente sekundengenaue Abrechnung (entspricht EUR 0,618 (1,21 DM) pro Minute)	0,338 EUR (0,66 DM)/Min.
0190-3	DM 0,1043 (netto) pro angefangener Zeiteinheit von 6 Sekunden oder äquivalente sekundengenaue Abrechnung (entspricht EUR 0,618 (1,21 DM) pro Minute)	0,338 EUR (0,66 DM)/Min.
0190-4	DM 0,1043 (netto) pro angefangener Zeiteinheit von 6 Sekunden oder äquivalente sekundengenaue Abrechnung (entspricht EUR 0,433 (0,85 DM) pro Minute)	0,154 EUR (0,30 DM)/Min.
0190-5	DM 0,1043 (netto) pro angefangener Zeiteinheit von 6 Sekunden oder äquivalente sekundengenaue Abrechnung (entspricht EUR 0,618 (1,21 DM) pro Minute)	0,338 EUR (0,66 DM)/Mi

		n.
0190-6	DM 0,1043 (netto) pro angefangener Zeiteinheit von 6 Sekunden oder äquivalente sekundengenaue Abrechnung (entspricht EUR 0,433 (0,85 DM) pro Minute)	0,154 EUR (0,30 DM)/Mi n.
0190-7	DM 0,1043 (netto) pro angefangener Zeiteinheit von 3 Sekunden oder äquivalente sekundengenaue Abrechnung (entspricht EUR 1,237 (2,42 DM) pro Minute)	0,902 EUR (1,76 DM)/Mi n.
0190-8	DM 0,1043 (netto) pro angefangener Zeiteinheit von 2 Sekunden oder äquivalente sekundengenaue Abrechnung (entspricht EUR 1,855 (3,63 DM) pro Minute)	1,487 EUR (2,89 DM)/Mi n.
0190-9	DM 0,1043 (netto) pro angefangener Zeiteinheit von 3 Sekunden oder äquivalente sekundengenaue Abrechnung (entspricht EUR 1,237 (2,42 DM) pro Minute)	0,902 EUR (1,76 DM)/Mi n.
0193	Onlineknoten mit flexibler Tarifierung	flexibel

Bei den angegebenen Preisen und Verdienstmöglichkeiten ist zu beachten, dass diese sich ausschließlich auf Angaben der DTAG[1] beziehen. Bei anderen Anbietern kann es zu Abweichungen kommen.

Gerade bei 0190-0-Nummern sind bei anderen Netzbetreibern zum Teil wesentlich höhere Tarife möglich!

Seit 01.04.2001 werden die Nachfolger der 0190-Nummer vergeben. Ab 2003 gilt als Vorwahl für die Premium-Dienste 0900.

Hier wird nach folgendem Schema unterschieden:
0900-1: Informationsdienste
0900-3: Unterhaltungsdienste
0900-5: sonstige Dienste (z.B. Erotik)

Der Preis bei 0900 ist frei gestaltbar, es gibt **keine** Tarifgruppen. Allerdings muss eine für den Anrufer kostenfreie Information *über den aus nationalen öffentlichen Festnetzen zu zahlenden Tarif angesagt werden*. Bei Telefax- oder Datendiensten muss der Tarif und die Zahl der Seiten bzw. die Größe der Dateien auf dem ersten Viertel der ersten Seite des Telefax bzw. in der Meldezeile übertragen werden.

..."

---

[1] DTAG = Deutsche Telekom AG

Die Angebote mit Festpreis pro Einwahl bergen die größten Tücken, denn wenn z.B. 19,99 EUR pro Einwahl bezahlt werden, und die Verbindung zufällig schon nach wenigen Sekunden abbricht, werden mit der Wiedereinwahl erneut 19,99 EUR fällig. Noch schneller als beim Minutenpreis kommen so hunderte von Euro zusammen.

Die Redaktion von „Trojaner Info" vgl. (http://www.trojaner-info.de/news/dialer_300eurobericht.shtml) berichtete am 14.02.2002 von einem 300 Euro Dialer.

Bei einem erfolgreichen Verbindungsaufbau mit diesem Dialer entsteht für den Benutzer pro Einwahlversuch, eine Pauschalgebühr von 300 Euro. Während der Nutzung des Informationsdienstes ist der Nutzer völlig zeitunabhänig und es entstehen keine weiteren Kosten. Bei einer erneuten Anwahl wird wieder das einmalige Verbindungsentgelt fällig.

Das unseriöse Dialer-Programm mit dem Namen „X-Diver" versteckt sich unter der Dateibezeichnung „Diver32.exe"

Abb.8: X-Diver, ein 300 Euro Dialer

Wie die Redaktion berichtet, wird nach dem Installationsvorgang des Einwahlprogramms ein Registry-Eintrag generiert, der das Programm in den Autostart des Windows-Betriebssystems einbindet. Durch diesen Eintrag wird bei jedem Neustart von Windows das Programm aktiviert und der Benutzer jedes Mal gefragt ob er einen Verbindungsaufbauwunsch tätigen möchte. Diese Nachfrage und die Möglichkeit der problemlosen Deinstallation wurden dem Dialer positiv angerechnet. Der X-Diver Dialer trägt sich zwar in die Liste der DFÜ-Verbindungen ein, jedoch nicht als Standardverbindung, wie in der folgenden Abbildung zu sehen ist. Die T-Online Verbindung, welche mit dem Haken gekennzeichnet ist, bleibt als Standardverbindung erhalten.

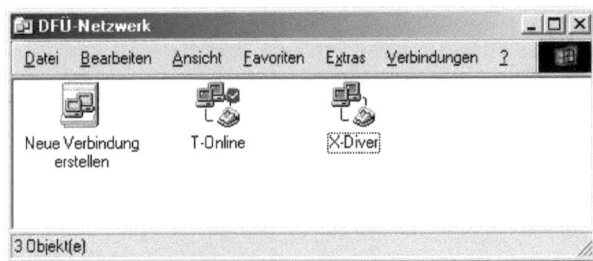

Abb.9: Liste der DFÜ-Verbindungen bei Windows

Die X-Diver Software kann zwar nicht unbedingt als dubios bezeichnet werden, aber es entstehen für einen eventuellen ungewollten Klick extrem hohe Kosten für den Verursacher. Die Reaktion schreibt „…man stelle sich einen Familien PC vor, wo auch Kinder Zugriff auf das Internet haben…", aber selbst hierfür bietet der Dialer ein Feature an. Der Dialer enthält einen Passwortschutz der vor unbefugten Zugriffen schützt und somit eine Zufallseinwahl ebenfalls ausschließen kann.

3.2.1.1.3 Erkennung von illegaler Dialer-Software

Einen dubiosen Dialer erkennt man zunächst daran, dass er das Regelwerk des „Freiwilligen-Selbstkontrolle-Telefonmehrwertdienste" e. V. verletzt. Sobald das Einwahl-Programm gegen Gesetze eines Staates verstößt, spricht man von einer illegalen Dialer-Software. (Gesetzliche Vorraussetzungen s. ab Seite 6).

Ohne das Regelwerk bzw. die gesetzlichen Vorraussetzungen des Deutschen Staates zu kennen, kann der Internetsurfer an folgenden Merkmalen erkennen, dass es keinesfalls ein seriöser Dialer sein kann.

Merkmale:

1. Beim Betreten der Seite öffnet sich ein **Download-Popup.**
2. Auf der Webseite findet man **keinen** oder nur einen sehr **unauffälligen Hinweis** auf die entstehenden Kosten. Manchmal werden diese Kosten auch komplett verschwiegen.
3. Der Download findet trotz Druck auf Abbrechen statt.
4. Der Dialer installiert sich selbst ohne Hinweis als **Standardverbindung.**
5. Der Dialer baut **selbständig Verbindungen** auf.
6. Der Dialer weist **vor der Einwahl** nicht auf den Preis der Verbindung hin.
7. Der jeweils aktuell aufgelaufene Preis wird während der Verbindung **nicht** angezeigt.
8. Der Dialer ist nicht oder nur mit erheblichem Aufwand zu deinstallieren.

Durch den rasant wachsenden Anstieg der DSL-Anschlüsse weltweit in den letzen Jahren, verfehlt die illegale Dialer-Software der Dialer-Piraten immer mehr ihr Ziel, wie in Kapitel 4 näher erläutert wird. Aus diesem Grund mussten die zwielichtigen Anbieter neue Wege beschreiten, wie sie in Zukunft die breite Bevölkerungsschicht abzocken könne. Hierfür bot sich der Einzug der modernen Mobilfunktechnik an um neue Schädlingen einzuschleusen, die so genannten Handy-Dialer.

3.2.1.2 Handy-Dialer

Handy-Dialer benötigen ein leistungsfähiges Betriebssystem im Mobilfunkgerät, um überhaupt lauffähig zu sein. Insofern sind nur alle modernen Mobiltelefone „Smart-Phones" ab ca. 2003 betroffen.

Die nachfolgenden Textpassagen wurden von „dialerschutz.de" entnommen. Vgl. hierzu Quelle(http://www.dialerschutz.de/handy-dialer.php)

„...

Handy-Dialer sind im August 2004 das erste Mal aufgetaucht und stellen somit die jüngste Generation der Dialer-Programme dar. Unter Handy-Dialern versteht man Software, die sich in das Mobiltelefon einnistet und von dort aus hoch tarifierte Verbindungen herstellt. Dabei handelt es sich um teure Telefonverbindungen als auch um den Versand von hoch tarifierten Premium SMS oder MMS (Multimedia-Kurznachrichten). Wenn Verbindungsherstellung oder SMS-Versand vom Nutzer des Handys unbemerkt und ungewollt vonstatten gehen, handelt es sich um Schadprogramme (Malware), die als Handy-Dialer oder Handy-Trojaner bezeichnet werden. Enthält das Programm die Funktion, mittels derer es sich selbst - etwa über automatischen Selbstversand - weiterverbreiten kann, ist gelegentlich auch von einem Handy-Wurm die Rede. Die Grenzen zwischen den verschiedenen Formen von Handy-Schädlingen sind derzeit noch fließend.

..."

Die zunehmenden technischen Möglichkeiten von Mobiltelefonen tragen dazu bei, dass sich die Handy-Dialer auf verschiedenen Wegen immer leichter ausbreiten können. Das Mobilfunkgerät biete dazu Schnittstellen im Bereich von Bluetooth, SMS, aber auch der Download z.B. von Klingeltönen oder Spielen kann sich als Versteck von Handy-Dialern herauskristallisieren. Grundsätzlich gilt daher, je mehr Möglichkeiten ein Handy hat, umso mehr Möglichkeiten haben auch Viren, Trojaner und Handy-Dialer, um das Gerät zu infizieren und darauf aktiv zu werden. In vielen Fällen spielt dabei das so genannte Social Engineering eine Rolle; das Schadprogramm aktiviert sich also nicht selbst, sondern bringt den Benutzer durch Irreführung dazu, die Aktivierung vorzunehmen.

„...

Zumindest bis jetzt (Stand: März 2006) ist die Zahl von Programmen dieser Art überschaubar, ebenso die Zahl der konkreten finanziellen Schadensfälle. Als erster Handy-Virus im Jahre 2004 ging Cabir in die Geschichte ein. Dieser Virus verbreitete sich über Bluetooth: Sobald das Handy angeschaltet wurde, verschickte sich Cabir selbstständig an Geräte mit offener Bluetooth-Anbindung in der Nähe.

..."

Im gleichen Jahr trat auch der erste Handy-Dialer auf.

Ein Bericht von „Joachim Kaufmann, „Erster Handy-Dialer aufgetaucht", ZDNet mit Material von pte, 12. August 2004, vgl. Quelle (http://www.zdnet.de/news/security/0,39023046,39124927,00.htm")

„...

Verschickt ohne das Wissen des Handybesitzers SMS
Der erste Dialer-Trojaner für Handys verbreitet sich zurzeit auf Mobiltelefonen mit dem Symbian-Betriebssystem Series 60. Der Trojaner verschickt ohne das Wissen des Handybesitzers SMS und steigert so die Telefonrechnung kräftig. Der Virus versteckt sich in einer Raubkopie des Handy-Games Mosquitos, einer Moorhuhn-Variante des deutschen Entwicklers Ojom. Das Originalspiel ist virenfrei, nur die geknackte Raubkopie, die via Download-Seiten zu haben ist, enthält den kostspieligen Parasiten. Wie die BBC berichtet, ist der Virus jedoch nicht das Werk eines hinterhältigen Virenschreibers, sondern unbeabsichtigt durch das illegale Kopieren des Spiels entstanden.

..."

Größer wurde die Gefahr im Frühjahr 2005. Hier tauchte das Dialer-Programm CommWarrior auf. Dieser Dialer-Wurm versteckte sich in einer MMS-Nachricht. Wenn der Benutzer den Anhang dieser Nachricht geöffnet hat, begann der Dialer-Wurm mit der seiner Weiterverbreitung per MMS-Versand an alle Adressbucheinträge des infizierten Mobilfunktelefons. Durch diese Art der Ausbreitung ist dem Telefonbesitzer - je nach Größe seines Handy-Adressbuches ein horrender Schaden entstanden. In einem im Januar 2006 bekannt gewordenen Fall beklagte ein Betroffener eine Schadenshöhe von 400 Euro. Auch er hatte nicht bemerkt, dass sein Handy plötzlich und ungewollt etliche teure MMS verschickte.

Im Februar 2006 wurde ein neuer Handy-Dialer mit dem Namen J2ME/RedBrowser.A publik. Dieser Trojaner musste als gewöhnliches Java-Archiv mit dem Namen „redbrowser.jar" und einer Größe von 54.482 Byte auf das Mobiltelefon heruntergeladen und wie eine normale Applikation installiert und ausgeführt werden. Beim ersten Start gab der Handy-Dialer eine auf Russisch verfasste Anleitung vor, WAP-Seiten per SMS ohne Datenverbindung abrufen zu können, wobei die ersten fünf Megabyte beziehungsweise 650 SMS kostenlos seien. Statt der WAP-Seiten bekam der Handybesitzer allerdings eine überhöhte Telefonrechnung präsentiert, da die gewählten netzinternen Premium-SMS-Nummern mit rund fünf US-Dollar pro Nachricht abgerechnet wurden. Deutsche Kunden waren von diesem Dialer nicht betroffen, denn der Handy-Dialer trat nur in den Netzen des russischen Mobilfunknetzbetreibers MTS, Beeline und Megafon auf.

Im weiteren Vorgehen wird der Handy-Dialer nicht mehr berücksichtigt, da er nur einen sehr geringen prozentualen Anteil der illegalen Formen der Dialer-Software darstellt. Der größte Anteil der illegalen Einwahlprogramme wird durch den PC-Dialer repräsentiert.

Wie im man bisher gesehen hat, muss sich der Internet-Benutzer unbedingt gegen dubiose Dialer zur Wehr setzen, damit man selbst nicht zum Opfer der zwielichtigen Dialer-Anbieter wird.

Im nächsten Kapitel wird beschrieben, wie sich der Internetsurfer vor Dialern auf Software- bzw. Hardware-Ebene schützen kann

4 Schutz vor unerwünschten Dialern

Die Tricks unseriöser Dialer-Anbieter sind höchst raffiniert. Dialer, die sich selbstständig auf dem PC installieren oder als vermeintliche Software-Updates getarnt sind, sind ebenso ein Problem wie die irreführende Bewerbung von Dialern auf Internetseiten. Zudem werden für teure Einwahlen immer häufiger auch Auslands-, Satelliten-, oder sogar Festnetznummern eingesetzt. Umso wichtiger ist es für Internetsurfer, sich wirkungsvoll vor unerwünschten Einwahlprogrammen effektiv zu schützen.

4.1 Möglichkeiten

Dem Internetsurfer bieten sich zwei grundsätzliche Schutzmöglichkeiten an, wie er sich vor den dubiosen Dialern schützen kann. Dabei wird unterschieden zwischen der Software- und der Hardware-Ebene.

4.1.1 Auf Software-Ebene

Zu den Schutzmöglichkeiten auf der Software-Ebene zählt man die Software, die für den Schutz des Internetsurfers entwickelt wurde, um ihn vor dubioser Dialerware zu schützen.

Dazu gehören Schutzmaßnahmen, die während des Surfens im Internet aktiv sind. Diese Programme überwachen den Browserinhalt in Echtzeit auf eventuelle Eindringungsversuche von dubioser Dialer-Software. Weiterhin bietet sich dem Benutzer noch so genannte Überwachungssoftware an, die mögliche Einwahlversuche von unerwünschten Dialern zu 0190/0900 Nummern schon im Vorfeld blockiert. Des Weiteren nutzen viele Internetsurfer Spyware Programme, die in bestimmten Zeitintervallen die Festplatte nach eingeschleusten Trojaner bzw. Dialer-Programmen durchforsten.

Ein weiterer wichtiger Aspekt der zum Schutz auf Software-Ebene berücksichtigt werden muss, ist die Wahl des eingesetzten Betriebssystems. Das Betriebssystem und die darin enthaltenen Sicherheitslücken, stellen für dubiose Dialerware einen idealen Angriffspunkt dar. Damit verbunden ist auch die Wahl des verwendeten Browser, da dieser auch mögliche Schwachstellen aufweisen kann, um den unerwünschten Dialern Zugang zum Rechner zu gewähren.

4.1.1.1 Verzicht auf Windows

Folgende Textpassage vgl. Quellen (c't 15/2004, S. 106 Sicherheit, ein Bericht von Daniel Bachfeld mit dem Titel „Sicherheit durch Verzicht")

„...

Arbeitet man unnötigerweise als Administrator mit vollen Zugriffsrechten auf dem Windows Betriebssystem, ist nicht nur die Gefahr groß, ungewollt etwas kaputtzumachen. Auch Dialer, Trojaner und Würmer haben es beim Angriff auf den Rechner viel zu leicht. Mit weniger Rechten kann der Benutzer aber genauso bequem arbeiten und zudem ist es erheblich sicherer. Diese Abhilfe wurde ab Windows 2000 und Windows XP fest implementiert, was in den vorherigen Versionen von Windows keine größere Berücksichtigung fand, da auch die Gefahr noch nicht akut vorhanden war. Neben dem Administrator lassen sich beliebig viele weitere Nutzer mit niedrigeren Zugriffsrechten auf Verzeichnisse und die Hardware anlegen.

..."

Die meisten Windows-Anwender arbeiten ständig, oftmals ohne es zu wissen, auf ihrem PC als Administrator und haben damit volle Zugriffsrechte auf das gesamte System und die Hardware. So dürfen sie Software und Geräte installieren und deinstallieren, die Registry manipulieren und in Systemverzeichnissen lesen, schreiben und löschen - Windows hindert den Administrator nicht daran. Doch so lässt sich durch unbedachte Handlungen das gesamte System unbrauchbar machen, wenn man etwa aus Versehen ein paar wichtige Windows-Dateien löscht oder die Festplatte formatiert oder partitioniert.

Und auch Viren, Würmer, Trojaner und Dialer-Programme profitieren davon, wenn der Anwender als Administrator arbeitet. Klickt der Benutzer auf einen Schädling in einer E-Mail, so erbt das unerwünschte Programm beim Start dessen Rechte und kann fortan all das tun, was der Administrator darf - zum Beispiel das System unbrauchbar machen oder den PC zum Anwählen von Mehrwertdiensten zu missbrauchen, ohne die Zustimmung des Benutzer erhalten zu haben.

Ein möglicher Lösungsansatz für Anwender die ihr Windows-Betriebssystem nicht wechseln möchten wäre, dass sie unter einem Benutzerkonto mit eingeschränkten Rechten agiert. Dabei hat der Benutzer dann nur noch Zugriff auf seine Verzeichnisse unter „Dokumente und Einstellungen", etwa „Eigene Dateien", sowie seinen eigenen Registry-Zweig unter HKEY_CURRENT_USER. Damit ist es für aktuell kursierende digitale Schädlinge nicht möglich auf dem Windows-PC Fuß zu fassen, da sie sich nicht ins Windows- oder System-Verzeichnis installieren können. Sie erhalten die Fehlermeldung „Zugriff verweigert". Auch die Manipulation des Autostart-Schlüssels im Registrierungszweig HKEY_LOCAL_MACHINE schlägt fehl. Somit wäre auch beispielsweise der

Eintrag des 300 Euro Dialer „X-Diver" im Autostart Menü gescheitert und der
Dialer hätte sich nicht bei jedem Neustart aktivieren können.
Eine weitere Lösungsmöglichkeit um den Schutz vor unseriösen Dialern zu
gewährleisten ist der Verzicht auf das Windows-Betriebssystem. Windows ist das
am meistgenutzte Betriebssystem auf der Welt, da die meisten Programme darauf
abgestimmt sind. Jedoch sind auch die meisten Schädlingen auf die Schwachstellen
von Windows und dem dazugehörigen Internet Explorer abgestimmt und das ist
einer der größten Nachteile des OS. Deshalb könnten sich entnervte Benutzer den
Umstieg auf einen MAC bzw. das Linux Betriebssystems überlegen. Linux etwa
bietet wesentlich bessere Schutzmechanismen im Internet als Windows. Linux
gehört zur Familie der UNIX-Betriebssysteme. Es ist als Multi-User-System
konsequent auf Sicherheit ausgerichtet. Die Schutzfunktionen auf denen das OS
basiert, sind das Ergebnis langjähriger Erfahrungen in der Entwicklung von Unix.
Das Internet wurde hauptsächlich unter UNIX entwickelt.

Die folgende Textpassage wurde entnommen von der Website „dialerschutz.de".
Vgl. hierzu Quelle (http://www.dialerschutz.de/dialerschutz-windows.php)

„...

Das Sicherheitskonzept der UNIX-Systeme ist ebenso einfach wie wirkungsvoll:
Jede Datei und jedes laufende Programm gehören zu einer Nutzerkennung. Alle
Systemdateien und Konfigurationsdateien gehören einem speziellen Nutzer, dem so
genannten Superuser oder "root". Man arbeitet grundsätzlich nie unter der Kennung
des root, sondern unter einer "normalen" Nutzerkennung, die das Recht hat, die
Systemdaten zu benutzen, aber keinerlei Rechte hat, sie zu verändern. Will man an
der Grundkonfiguration etwas ändern, benutzt man dazu den Superuser. Ganz
nebenbei ergibt sich ein weiterer Vorteil: ein Anwender kann höchstens seine
persönlichen Anwenderdaten zerstören, aber das System kriegt er nicht kaputt.
Auch kann man, wenn mehrere Leute (z.B. in einer Familie) den PC benutzen, die
Daten jedes Anwenders voneinander abschotten. Jeder hat sein persönliches
"Home"-Verzeichnis, auf das die anderen keinen Zugriff haben.
Im Vergleich zum Windows-Betriebssystem stellt sich für den Anwender die
Frage: „Was würde passieren, wenn ein bösartiges Programm über den Web-
Browser versuchen würde, die Einwahl-Konfiguration zu ändern?" die Antwort
lautet: „Gar nichts". Die Konfiguration wurde unter root eingerichtet. Das bösartige
Programm hat dieselben Rechte wie der Anwender, der den Browser gestartet hat,
nämlich nur Leserechte. Nachteile von Linux: momentan kommen Spieler noch
nicht auf ihre Kosten. Obwohl Linux voll 3D-fähig ist, gibt es wenig Spiele für
Linux. Technisch wenig versierte Leute werden ohne Hilfe Schwierigkeiten bei der
Installation von Linux haben. Ist das System aber erst einmal eingerichtet, ist die
Benutzung kinderleicht.

...“

Daher stellt sich die Frage für den Anwender, ob der sich für den absoluten Verzicht von Windows entscheiden möchte oder ob nur ein Wechsel auf einen anderen Browser für ihn in Frage kommt. Die Entscheidung für einen anderen Browser würde ihn in seiner Arbeitsumgebung auf dem Rechner nicht weiter beeinflussen, da er sich lediglich an den neuen Browser gewöhnen müsste.

4.1.1.2 Browserwahl

Die Wahl des richtigen Internetbrowser ist für den Anwender ein wichtiges Kriterium für den Schutz vor unseriöser Dialer-Software.

Bei den Browsern weist der Microsoft Internet Explorer eine erhebliche Sicherheitslücke auf. Diese basiert auf dem ActiveX, das für selbst installierende Dialer dadurch empfänglich ist (s. Seite 12 Aktiv Inhalte und automatische Installation). Aufgrund dieses Sicherheitsmangels ist eigentlich jedem Internetsurfer vom Internet Explorer abzuraten, da nur dieser Browser zurzeit ActiveX unterstützt. Für den normalen Anwender stellt das ActiveX-Feature keine Bereicherung da, sondern ist für den Schutz vor unseriösen Dialern ein großer Sicherheitsgewinn.

Dem Internetsurfer werden zahlreiche, alternative Freeware Browser angeboten, die für ihn ein größeres Sicherheitspotential darstellen. Der Sicherheitsgewinn liegt darin begründet, dass die unseriösen Dialer-Anbieter hauptsächlich auf den am meisten eingesetzten Microsoft Internet Explorer mit dem darin enthaltenen ActiveX Feature abzielen. Dadurch ist die Wahrscheinlichkeit für sie größer, mehr Benutzer zu schädigen und die Dialer-Piraten haben leichtes Spiel bei der Installation der Dialerware, durch die Unterstützung der ActiveX Komponente. Jedoch bieten die folgenden Freeware Browser auch keinen 100%igen Schutz vor Sicherheitslücken. Für diese Browser können ebenfalls Möglichkeiten von Hackern entwickelt werden, um unseriöse Dialer auf den Rechner zuladen und lauffähig zu machen.

Neben dem Microsoft Internet Explorer gibt es folgende Freeware Browser z.B.:

Netscape 7.1	http://www.netscape.de/
Opera 8.5	http://www.opera.com/
Mozilla Firefox 1.5	http://www.mozilla.com/

Eine mögliche Lösung für Anwender, die nicht auf den Microsoft Internet Explorer verzichten möchten ist, zur Optimierung des ActiveX-Tools geraten. Hierbei sollte der Anwender die Einstellungen „Eingabeaufforderung" unter den ActiveX-Optionen aktivieren.

Nach einer erfolgreichen Modifikation der Einstellungen wird der Benutzer jedes Mal gefragt, ob er möchte, dass ein ActiveX-Control (z.b. Installation von Dialerware) auf einer Webpage geladen wird. Dies hat den Vorteil, dass der Internetsurfer nicht mehr von ActiveX Elementen einfach übergangen werden kann und dass sich ohne sein Wissen unseriöse Dialer installieren bzw. andere Schädlingen auf dem Rechner einnisten.

Nach der richtigen Wahl des Internet Browser, sollte der Anwender noch weitere Schutzmaßnahmen beim surfen beachten.

4.1.1.3 Gesunden Menschenverstand beim Surfen einschalten

Heutzutage lauern immer und überall im Internet unseriöse Geschäftmacher, die Ihre nichts ahnenden Opfer mit Dialern und Trojanern über den Tisch ziehen. Daher sollte der Anwender immer mit dem gewissen Misstrauen Surfen und nicht an alle Downloadangebote leichtgläubig herangehen.
Damit verbunden steigt die Zahl der Webangebote, die nur noch über Dialer erreichbar sind. Folgen hat das etwa bei der Nutzung von Suchmaschinen wie z.B. bei yahoo.com: Auf den ersten Rängen der Suchergebnisse finden sich sehr häufig Seiten, die auf die jeweiligen Suchworte optimiert wurden, tatsächlich aber nur über eine extrem teure Dialer-Einwahl erreichbar sind. Umso wichtiger ist es für den Internetsurfer, gesundes Misstrauen zu bewahren: Ist der Zutritt zu bestimmten Angeboten mit Voraussetzungen verbunden, etwa dem Akzeptieren von Sicherheitszertifikaten oder dem Bestätigen von OK-Abfragen, sollte der Anwender zumindest vorsichtig sein.

Seit dem 15. August 2003 ist ein Gesetz für Dialer-Angebote in Deutschland erlassen worden, das eine mehrfache OK-Abfrage als erforderlich ansieht. Das bedeutet, dass der Benutzer als potenzieller Kunde dem Download, der Installation und der Einwahl des Dialers explizit zustimmen muss, indem er die Buchstaben "OK" eintippt. Sobald eine solche OK-Eingabe vom User verlangt wird, kann er von einem Dialer-Angebot ausgehen - auch, wenn dies auf den ersten Blick nicht ersichtlich ist oder sogar verschleiert wird.

Ein ganz wichtiger Aspekt für Internetanwender ist, dass wenn auf Webseiten oder per E-mail ausführbare Dateien (exe-Dateien) zum Download angeboten werden, dass diese niemals mit Ja oder OK bestätigt werden dürfen ohne darüber nachgedacht zu haben. Gleiches gilt für vermeintliche "kostenlose Zugangssoftware", "Software-Updates", "Highspeed-Zugänge", "Plug-ins" oder "Chat-Programme", hinter denen sich ebenfalls häufig dubiose Webdialer verstecken. Bei solchen Downloads muss der gesunde Menschenverstand immer im Vordergrund stehen. Von Zeit zu Zeit sollte der Anwender auch den „downloaded program Files" Ordern überprüfen. In diesem Ordner, der im Windows-Verzeichnis zu finden ist, können sich mögliche Dialer platzieren, wenn die ActiveX-Steuerung nicht modifiziert wurde. Diese dubiosen Dateien können beim späteren Besuch einer entsprechend präparierten Webseite einen automatischen Dialer-Download oder gar eine automatische Einwahl verursachen. Eine Überprüfung der Einträge in gewissen Zeitintervallen, sollte in diesem Ordner regelmäßig durchgeführt werden.

Einen weitern Schutz bietet dem Benutzer ein kontrollierender Blick auf die Taskleiste oder die Desktop Oberfläche, **bevor** er sich zum Provider einwählt. Hierbei lassen sich doch von Zeit zu Zeit unbekannte Icons erkennen die man sich durch das Surfen eingefangen hat. Möglicherweise kann sich hinter einem solchen Symbol auch ein übles Dialer-Programm verstecken. Des Weiteren sollten auch die Liste der DFÜ-Netzwerkverbindungen vor der Einwahl überprüft werden. Hierin kann durchaus eine unbekannte DFÜ-Verbindung zu einem Mehrwertdienst enthalten sein, dann ist allerdings Vorsicht geboten.
Wenn man diesen Kontrollblick außer Acht lässt, kann es nach der Einwahl schon zu spät sein und der Internetsurfer wird zur Kasse gebeten.

Wenn der Internetsurfer einen Mehrwertdienst per Dialer-Software nutzen will, muss er unbedingt auf die Seriosität des Anbieters achten. Dabei sollte er das Impressum im Vorhinein lesen und prüfen, ob der Anbieter bei der Regulierungsbehörde verzeichnet ist, damit er nicht einem zwielichtigen Anbieter zum Opfer fällt.
Um den Schutz von unerwünschten Dialern nochmals zu erhöhen, bieten sich Überwachungsprogramme an, die z.B. jeden Verbindungsaufbau kontrollieren oder den Rechner auf versteckte Trojaner und Dialer-Software hin überprüften.

4.1.1.4 Überwachungssoftware

Mittlerweile gibt es zahlreiche Freeware Programme mit dem Namen „0190 Warner" oder neuerdings „0900 Warner", die die ausgehenden Verbindungen überwachen. Dabei warnt die Software den Benutzer vor dem Verbindungsaufbau, wenn eine Wahlverbindung zu einem Mehrwertdienst angewählt wird und gibt an den Benutzer eine Meldung aus.

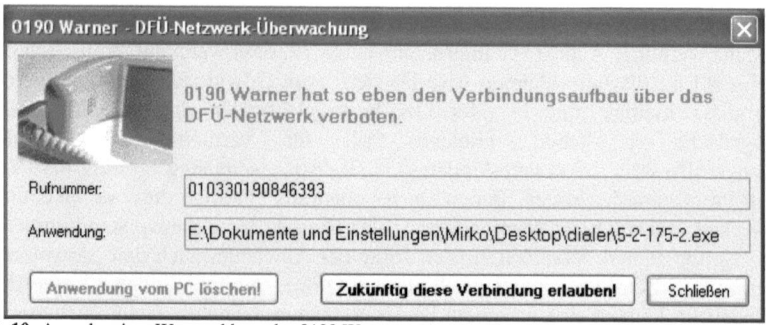

Abb.10: Ausgabe einer Warnmeldung des 0190 Warner

Der Anwender kann sich bei der Dialogbox entscheiden, ob er die Verbindung tatsächlich aufbauen will oder ob es sich um einen dubiosen Dialer handelt, der umgehend vom Rechner entfernt werden soll. Bei einem Verbindungswunsch zu einem Mehrwertdienst können die Verbindungsdaten mitprotokolliert werden.

Als weiteres Überwachungsprogamm auf der Software-Ebene dient dem Internetanwender ein so genannter Trojanerscanner. Diese Programme liegen meist als Freeware Tool vor und man findet sie im Internet. Ein sehr zu empfehlender Trojanerscanner stellt das Programm „Spybot - Search&Destroy" von PepiMk Software dar. Es kann unter dem Link http://www.zdnet.de/downloads/prg/n/v/de0DNV-wc.html kostenlos bei ZDNet.de kostenlos heruntergeladen werden.

In bestimmten Zeitabständen sollte der Internetsurfer mit diesem Programm seinen Rechner nach unbekannten und schädlichen Eindringlingen durchsuchen. Neben Ad-Aware ist der Spybot einer der beliebtesten und kostenfreien Malware-Entferner. Er erkennt nicht nur Spionage- und Werbe-Komponenten, die sich ins System eingenistet haben, sondern entlarvt auch Dialer-Programme und andere zwielichtige Prozesse. Ein Online-Update aktualisiert regelmäßig das Programm auf neue Übeltäter und steht ebenfalls dem Anwender kostenlos zur Verfügung.

Oftmals reicht der Schutz auf der Software-Ebene nicht völlig aus um sich wirklich in Sicherheit zu wiegen, denn die Tricks der Dialer auf den Rechner zu gelangen sind sehr gewieft. Des Weiteren lassen sich die Dialer-Piraten immer wieder neue Methoden einfallen, wie man die Schutzsoftware ausheben bzw. umgehen kann. Für bewusste PC-Nutzer ist es daher unumgänglich sich auch auf der Hardware-Ebene Schutzmechanismen einzurichten.

4.1.2 Auf Hardware-Ebene

Die Hardware-Ebene bietet den größtmöglichen Schutz für das Surfen im Internet, da sie von Programmen mit nur sehr viel Aufwand manipuliert werden kann. Darunter fällt z.B. das Einrichten einer Telefonanlage oder das Benutzen eines Routers in Verbindung mit einem DSL-Anschluss. Der DSL-Anschluss bietet dem Anwender eine perfekte Schutzmöglichkeit vor allen Dialern die es auf der Welt gibt, wenn Sie der Internetsurfer nicht selbst durch Unaufmerksamkeit wieder aushebelt.

4.1.2.1 Dialerschutz mit einem DSL-Anschluss

Der folgende Artikel stammt von DSLWEB – DSL Portal für Deutschland und ist unter dem Namen DSL Special: Dialerschutz mit DSL erschienen. vgl. Quelle(www.dslweb.de/dialer-und-dsl.htm)

„...

Eine DSL-Verbindung ist sozusagen eine Blockade für Dialer-Programme. DSL ist keine Telefon(wähl)verbindung, sondern eine Netzwerkverbindung.

Das bedeutet, dass bei Verbindungsherstellung nicht wie bei herkömmlicher Interneteinwahl über Analog-Modems oder ISDN-Karten gewählt wird, sondern hier wird der eigene Computer nur im DSL-Netzwerk des DSL-Provider (DSL-Anbieter) angemeldet.
Dass sich ein Dialer tatsächlich nicht über ein DSL-Modem einwählen kann, wird mit der folgenden Grafik verdeutlicht:

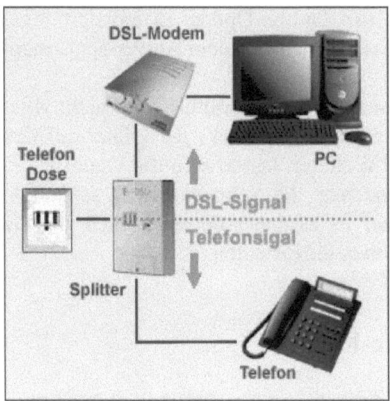

Abb.11: Funktionsweise eines DSL-Anschlusses

Der Splitter trennt die Signale in ein DSL-Signal, das zum DSL-Modem führt und in ein Telefonsignal.
Da der Dialer auf eine Wählverbindung angewiesen ist (er versucht ja, eine Telefonnummer wie z.B. 0190 bzw. 0900 oder eine sonstige zu wählen), scheitert er am DSL-Signal, über das nur eine Netzwerkverbindung hergestellt werden kann.

Klarzustellen ist, dass sich ein Dialer natürlich auch mit einer DSL-Verbindung auf dem Computer installieren kann. Dies kann beim Surfen auf entsprechenden Internetseiten aber auch durch bestimmte unerwünschte Mails, so genannten "Spam-Mails" geschehen. Der Dialer kann sich dann aber anschließend nicht über die DSL-Verbindung einwählen!

Eine Dialer-Gefahr besteht für DSL-Nutzer allerdings dann, wenn auf dem Computer neben dem DSL-Netzwerk eine weitere analoge bzw. ISDN-Verbindung installiert ist. Eine Verbindung mit dem Telefonanschluss auch bei DSL ist durchaus sinnvoll, da über DSL (auch wieder weil DSL keine Wählverbindung ist) kein Fax verschickt werden kann. So besteht etwa die Fritz Card DSL aus einem DSL-Modem und einer ISDN-Karte.

Bei einer installierten ISDN-Karte oder einem analogen Modem setzt man sich nur dann der Dialer-Gefahr aus, wenn tatsächlich eine Verbindung vom Computer zum Telefonsignal (also in der Grafik vom Computer zum Telefoniebereich hinter dem Splitter) besteht. Um ganz sicher zu gehen, sollte man das Kabel zwischen dem analogen Modem bzw. der ISDN-Karte und der Telefonanlage nur dann einstecken, wenn man die analoge bzw. ISDN-Verbindung am Computer auch benötigt. Zudem kommt es immer mal wieder vor, dass man nach dem Umstieg auf DSL einfach vergessen hat, die anderen Verbindungen zu deaktivieren.

Wenn der Benutzer weiterhin Faxe versenden will, könnte er allerdings auch einfach einen Fax-Dienst über das Internet in Anspruch nehmen, so dass man für das Versenden und Empfangen von Faxen keine analoge oder ISDN-Verbindung benötigt.

Zusammenfassend gesagt: Über die reine DSL-Verbindung ist die Einwahl eines 0190-Dialers definitiv nicht möglich. Bei zusätzlich installierten Verbindungen über ISDN-Karte oder Analog-Modem ist weiterhin Vorsicht angesagt.

..."

4.1.2.2 Sperrung der 0190/0900-Nummern und Begrenzung der Telefonrechnungshöhe beim Telefonanbieter

Den Benutzern, die für ihren Internetzugang einen ISDN- bzw. Analoganschluss verwenden biete sich die Möglichkeit eine Telefonanlage einzusetzen, um den Schutz vor unseriösen Dialern zu erhöhen. Die Telefonanlage, wird zwischen die Verbindung von der TAE (Telekommunikations-Anschluss-Einheit) Anschlussdose und dem Modem geschalten (s. Abb.12) bei einer Analogverbindung.

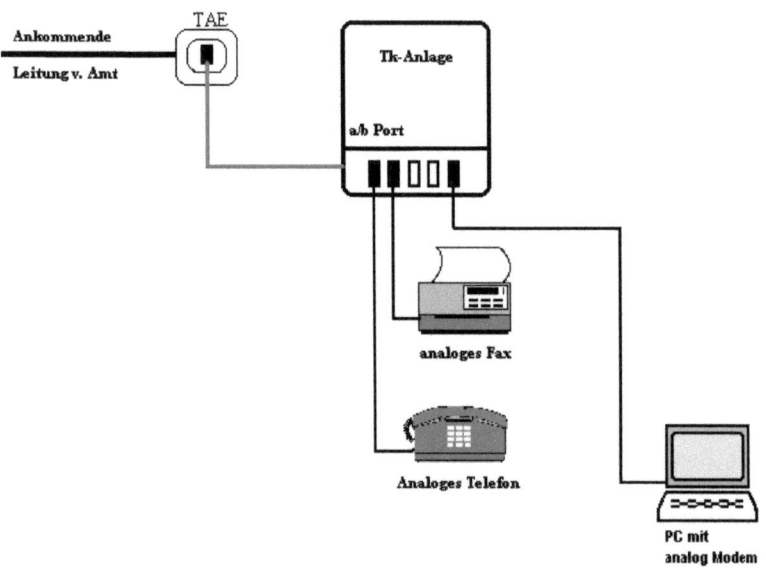

Abb.12: Aufbau eines Telekommunikationssystems mit eingesetzter Telefonanlage (TK-Anlage)

Der Benutzer hat dann die Möglichkeit, die Telefonanlage so zu konfigurieren, dass diese alle Verbindungen zu Mehrwertdiensten bzw. Verbindungen ins Ausland blockiert. Dadurch kann der Schutz vor ungewollten Einwahlen, verursacht durch unseriöse Dialer eingeschränkt werden.

Eine weitere Möglichkeit besteht darin, dass der Internetnutzer sich bei seinem Telekommunikationsanbieter eine feste Nummernsperre zu Mehrwertdiensten und Auslandsverbindungen seiner Wahl einräumen lässt. Dadurch können mögliche Kosten vom Telekommunikationsanbieter seinem Kunden in Rechnung gestellt werden. Diese Lösungsmöglichkeit wäre äquivalent zur obigen Lösungsmöglichkeit, jedoch könnte sich der Internetsurfer die Kosten und den Aufwand, der ihm durch die Telefonanlage entstehen würden ersparen.

Um beide Lösungsmöglichkeiten noch effizienter zu gestalten, könnte sich der Anwender zusätzlich für eine feste Kostenbegrenzung seiner Telefonrechnung entscheiden. Diese Rechnungsbegrenzung wird z.b. von der Deutschen Telekom AG seit dem 1. Januar 2001 angeboten, um einen erhöhten Dialerschutz zu bieten. Eine Kostenbegrenzung kann er sowohl in der TK-Anlage selbst konfigurieren, als auch bei seinem Anbieter beantragen. Damit wäre der Dialerschutz in soweit gewährleistet, dass wenn eine unbekannte Rufnummer angewählt wird, die Telefongebühren lediglich eine im Vorfeld definierte Höhe erreichen können. Sobald die vordefinierte Höhe erreicht ist, wird die Verbindung getrennt und es entstehen somit keine extrem hohen Telefonrechnungen.

4.1.2.3 Einzelverbindungsnachweis beim Telefonanbieter beantragen

Kein direkter Schutz, aber hilfreich im Fall des Falles: Der Internetbenutzer, der sich mit ISDN- bzw. Analogmodem ins Internet einwählt, sollte bei seiner Telefongesellschaft einen **ungekürzten** Einzelverbindungsnachweis beantragen. Dieser wird von der Telefongesellschaft in der Regel kostenlos angeboten. Sollten dann auf der Rechnung eine fragliche oder unbekannte Forderungen auftauchen, lässt sich mit der Auflistung nachvollziehen, welche konkrete Nummer angewählt wurde. Nur so lässt sich auch herausfinden, welcher Nummernbetreiber hinter der Forderung steckt. Der Nutzer sollte immer auf den ungekürzten Nachweis beharren. Bei einem gekürzten Einzelverbindungsnachweis kann es nämlich sehr schwierig werden, den Verursacher herauszufinden.

Wenn man die Schutzmaßnahmen, wie sie in dieser Seminararbeit beschrieben wurden nicht eingehalten hat und unachtsam in die Kostenfalle der zwielichtigen Dialeranbieter getappt ist, geht der Ärger für den Geschädigten erst richtig los. Dann stellt man sich die Frage: „Was nun?" Um diese zu beantworten, wird im nächsten Kapitel erklärt, wie sich der Dialer-Geschädigte im Schadensfall verhalten soll und wie es um seine Rechtslage steht.

5 Was tun im Schadensfall?

Es passiert schneller als man denkt. Die falsche Webseite besucht, dem falschen Link gefolgt, den falschen Versprechungen getraut: Schnell hat sich der Dialer auf dem Rechner installiert und eingewählt. Wenn dann Wochen später die Telefonrechnung ins Haus flattert, unter dem Punkt PRS (Premium Rate Services) zwei- und dreistellige Beträge auftauchen, ist guter Rat teuer. Dann stellen sich dem Geschädigten folgende Fragen: „Muss ich für die Kosten aufkommen? Wie kann ich beweisen, dass ich von einem Anbieter mit 0900, 0137 oder anderen Premium-Nummern hereingelegt worden bin?"

5.1 Verhalten des Dialer-Geschädigten

Damit der betrogene Internetnutzer nachweisen kann, dass er von einem unseriösen Anbieter eines Dialers getäuscht oder sogar betrogen worden ist (siehe auch Kapitel 5.2 Rechtslage), muss er Beweise vorlegen können. Diese stärken seine Position, wenn es zu unberechtigten finanziellen Forderungen vom Telekommunikationsanbieter und/oder Servicenummern-Betreiber gegen ihn gekommen ist. Außerdem ermöglichen diese Beweise den Strafverfolgungsbehörden möglicherweise notwendige Ermittlungen. Zur Beweissicherung gehört es, alle verfügbaren Informationen über den Dialer, die entsprechende Webseite, sowie den technischen Ablauf der Dialer-Installation und der Einwahl festzuhalten. **Der Benutzer darf nicht den Fehler machen und vor der Beweissicherung Daten auf dem PC löschen oder verändern.** Immer wieder kommt es vor, dass Betroffene aus Scham (Erotikseiten besucht o.ä.) Daten löschen, die unbedingt benötigt werden, um deren Unschuld an der teuren Einwahl nachzuweisen.

Zu beachten ist auch, dass das Mehrwertdienstgesetz vom August 2003 (s. Kapitel 3.1.3) und das BGH-Urteil vom März 2004 zur unerwünschten Dialer-Einwahl nichts grundlegendes an der Situation verändert hat - im Gegenteil: Angesichts neuer Bedrohungen, etwa durch Auslands-, Satelliten- und Festnetz-Dialer, ist die Beweissicherung heute wichtiger denn je zuvor. Hinzu kommt, dass inzwischen auch Fälle bekannt geworden sind, in denen bei der Bundesnetzagentur (früher: Regulierungsbehörde) registrierte - und damit scheinbar rechtkonforme - Dialer nachträglich manipuliert wurden. Der Nachweis, einem solchen illegalen Exemplar aufgesessen zu sein, wird durch gesicherte Beweise enorm erleichtert.

<u>Vorgehensweise in Kurzform:</u>

1. Notizen von der URL anfertigen und wenn möglich Screenshots machen
2. Dialer aufspüren und auf Wechseldatenträger sichern (s. Kapitel 4.1.1.3)
3. Nach dem Verantwortlichen der Homepage suchen
4. Sofort ungekürzten Einzelverbindungsnachweis vom Telefonanbieter anfordern
5. Evtl. Strafanzeige bei der Polizei stellen und danach aber keine Veränderungen am Rechner mehr vornehmen. Es könnten dadurch wichtige Beweismittel verloren gehen!!
6. Bei der Telefonrechnung nur die normalen Telefongebühren bezahlen und gegen die stritten Mehrwertdienstgebühren schriftlich Widerspruch einlegen.

Liegt jedoch keine Straftat vor benötigt man einen Rechtsanwalt um zu prüfen, ob eventuell aus zivilrechtlichen Gründen, z.B. Sittenwidrigkeit oder Wucher, die Zahlung verweigert werden kann. (Lohnt sich ab ca. 120 Euro). Zum Punkt Sittenwidrigkeit oder Wucher ist die Rechtssprechung noch nicht einheitlich, eine Einzelfallprüfung muss hier ein Anwalt vornehmen.

5.2 Die aktuelle Rechtssprechung für den Dialer-Geschädigten

Erstmals hat sich der BGH in einem konkreten Fall mit betrügerischer Dialer-Software befasst.

„... Der Bundesgerichtshofs hat entschieden, dass ein Telefonkunde dem Netzbetreiber gegenüber dann nicht zur Zahlung der erhöhten Vergütung für Verbindungen zu einer 0190- oder 0900-Mehrwertdienstenummer verpflichtet ist, wenn die Anwahl zu dieser Nummer über einen heimlich im Computer des Kunden installierten sog. Dialer erfolgte und dem Anschlussinhaber insoweit kein Verstoß gegen seine Sorgfaltsobliegenheiten zur Last fällt. ..."

Der BGH komm zu dem einzig zutreffenden Ergebnis, dass bei einem heimlich installierten Einwahlprogramm kein Anspruch auf Zahlung des Telefonentgelts besteht

Diese Pressemitteilung vom Bundesgerichtshof kann unter dem Link http://www.beckmannundnorda.de/bghdialerpm.html nachgelesen werden. Das vollständige Urteil vom 04.03.2004 findet man unter http://www.beckmannundnorda.de/bghdialer.html

6 Fazit

Ich finde das DFÜ-Netzwerk im Windows-Betriebsystem sehr praktisch, wenn man sich mal die Mühe gemacht hat und dort alle häufig angewählten Verbindungen hinterlegt sind. Somit hat man sich seinen eigenen Dialer geschaffen und weiß wohin die Verbindungen gehen. Des Weiteren muss man sich nicht die Telefonnummer mit den dazugehörigen Namen merken und das Suchen von verlegten Zetteln mit den Einwahlnummern entfällt dadurch ebenfalls. Jedoch würde ich jedem untrainierten Benutzer von einem Dialer-Programm abraten, in das eine Einwahlnummer implementiert ist, die beim Verbindungsaufbau nicht sichtbar wird. Bei dem Programm könnte es sich zwar vom Layout her um ein seriöses Dialer-Programm handeln, jedoch könnte es aber genauso gut von der Dialer-Mafia manipuliert worden sein. Und um den daraus resultierenden Ärger zu umgehen, kann man auch das DFÜ-Netzwerk nutzen, um sich bei seinem Online-Provider ein zu wählen oder ggf. Mehrwertdienste zu nutzen. Der einigste Mehraufwand der dadurch entsteht ist die Eingabe der Einwahlnummer in die zu hinterlegende Verbindung, denn seinen persönlichen Usernamen und das Passwort muss man auch bei einer fertigen Dialerware selbst hinterlegen. Wenn ein Benutzer gar nicht auf eine Dialer verzichten möchte so muss er auf alle Fälle die Merkmale eines seriösen Einwahlprogramms beachten.

Wie ich in meiner Studienarbeit dargestellt habe, ist eine der sichersten Schutzmöglichkeiten gegen unseriöse Dialer das DSL, was aber auch nicht das Allheilmittel ist, wenn es durch eigenes Verschulden ausgehebelt wird. Darum sollte für alle die im Internet unterwegs sind gelten: Immer auf die Sicherheit bedacht sein und Schutzmassnahmen vor ungebetenen Schädlingen, wie Trojaner, Würmer und unseriösen Dialern treffen, sowie auf Soft- bzw. Hardware-Ebene.

7 Literaturverzeichnis

1. Das Regelwerk, das vom „Freiwilligen-Selbstkontrolle-Telefonmehrwertdienste"
e. V" beschlossen wurde http://www.fst-ev.org/

2. Kurzer Auszug aus dem Regelwerk, der unter dem Artikel „Was sind Dialer" bei
Network Secure, am 30. Dez. 2003 unter dem Link: www.network-
secure.de/index.php erschienen ist

3. Die meist verwendeten Tricks der Szene vgl. Quelle („Dialer - Die Tricks
unseriöser Anbieter" www.dialerschutz.de/dialer-tricks.php)

4. Was kosten die 0190/0900 Nummern? Vgl. Quelle
(http://www.dialerhilfe.de/dialer/kosten.php)

5. Die Redaktion von „Trojaner Info" vgl. (http://www.trojaner-
info.de/news/dialer_300eurobericht.shtml) berichtete am 14.02.2002 von einem
300 Euro Dialer.

6. Ein Bericht von „Joachim Kaufmann, „Erster Handy-Dialer aufgetaucht", ZDNet
mit Material von pte, 12. August 2004, vgl. Quelle
(http://www.zdnet.de/news/security/0,39023046,39124927,00.htm")

7. Informationen und einzelne Textpassagen „Verzicht auf Windows" vgl. Quellen
(c't 15/2004, S. 106 Sicherheit, Bericht von Daniel Bachfeld mit dem Titel
„Sicherheit durch Verzicht" und http://www.dialerschutz.de/dialerschutz-
windows.php)

8. „Dialerschutz mit einem DSL-Anschluss", dieser Artikel stammt von DSLWEB
– DSL Portal für Deutschland und ist unter dem Namen DSL Special: Dialerschutz
mit DSL erschienen. Vgl. (www.dslweb.de/dialer-und-dsl.htm)

9. Diese Pressemitteilung vom Bundesgerichtshof kann unter dem Link
http://www.beckmannundnorda.de/bghdialerpm.html nachgelesen werden. Das
vollständige Urteil vom 04.03.2004 findet man unter
http://www.beckmannundnorda.de/bghdialer.html